刘哲作品

司法观·日知录

刘哲——著

清华大学出版社
北京

本书封面贴有清华大学出版社防伪标签,无标签者不得销售。
版权所有,侵权必究。举报:010-62782989,beiqinquan@tup.tsinghua.edu.cn。

图书在版编目(CIP)数据

司法观·日知录 / 刘哲著. —北京:清华大学出版社,2022.9
(刘哲作品)
ISBN 978-7-302-59665-3

Ⅰ. ①司… Ⅱ. ①刘… Ⅲ. ①司法-工作-研究-中国 Ⅳ. ① D926

中国版本图书馆 CIP 数据核字 (2021) 第 249695 号

责任编辑:	刘　晶
封面设计:	徐　超
版式设计:	方加青
责任校对:	王荣静
责任印制:	杨　艳

出版发行:清华大学出版社
　　网　　址:http://www.tup.com.cn, http://www.wqbook.com
　　地　　址:北京清华大学学研大厦 A 座　　邮　编:100084
　　社 总 机:010-83470000　　邮　购:010-62786544
　　投稿与读者服务:010-62776969, c-service@tup.tsinghua.edu.cn
　　质 量 反 馈:010-62772015, zhiliang@tup.tsinghua.edu.cn
印 装 者:三河市东方印刷有限公司
经　　销:全国新华书店
开　　本:105mm×165mm　　印　张:23.75　　字　数:149 千字
版　　次:2022 年 9 月第 1 版　　印　次:2022 年 9 月第 1 次印刷
定　　价:168.00 元

产品编号:095300-01

作者简介

刘哲，北京市人民检察院首批入额检察官，曾办理山西溃坝案，设计并组织研发刑事公诉出庭能力培养平台。

著有《检察再出发》《你办的不是案子，而是别人的人生》《法治无禁区》《司法观》《法律职业的选择》《司法的趋势》《司法的长期主义》《正义感》《司法与责任》《法律人的同理心》等。

通往未来的路很长,
未来就在脚下。

法律人,请重拾主持正义的勇气。

1月

一	二	三	四	五	六	日
						1 元旦
2 十一	3 十二	4 十三	5 小寒	6 十五	7 十六	8 十七
9 十八	10 十九	11 二十	12 廿一	13 廿二	14 北小年	15 南小年
16 廿五	17 廿六	18 廿七	19 廿八	20 大寒	21 除夕	22 春节
23 初二	24 初三	25 初四	26 初五	27 初六	28 初七	29 初八
30 初九	31 初十					

面向未来,才有未来。

——《检察再出发》

2023

1月1日

周日

十二月初十　壬寅年

你办的不是案子,而是别人的人生

我们处在一个日益复杂的社会,正因为复杂,对法治的渴求才格外强烈。

法治就是统御复杂社会的超级算法,这种计算能力已经远远超出了人力的负荷。

——《检察再出发》

2023

1月2日

周一

十二月十一　壬寅年

你办的不是案子,而是别人的人生

扁平化、去中心化的组织结构就是为了增加灵活性,体现法治产品的人性属性。

专业化、精细化是为了植根于本土资源创造更加精致的法治产品,适应社会的多元化、法治需求的个性化,这就是法治的供给侧改革。

——《检察再出发》

2023

1月3日

周二

十二月十二　壬寅年

你办的不是案子,而是别人的人生

我们扛着依法治国的大旗再出发,其道路必然是曲折的、渐进的,但其前途也必将是光明的,因为它是司法规律的回归,是检察官天然使命的回归。

与其说是改革,不如说是一次迟到的"归来"。我们的出发并不是在权力分配的蛋糕上博弈,只是在努力寻找日渐迷失的本我。

司法责任制改革也是一场司法官人性的解放运动,就是要打破无往不在的行政枷锁,像实现"包产到户"一样用价值规律来引导人性,用司法规律来引导司法官的人格,实现我们一直期待的每一个个案的公平正义。

——《检察再出发》

2023

1月4日

周三

十二月十三　壬寅年

你办的不是案子,而是别人的人生

正义不但要被看见,还要被看清楚。

——《检察再出发》

2023

1月5日

周四

十二月十四　壬寅年

你办的不是案子,而是别人的人生

起诉书的演化史其实是刑事诉讼制度的演化史。

——《检察再出发》

2023

1月6日

周五

十二月十五　壬寅年

你办的不是案子，而是别人的人生

一言以蔽之,如果说把"理"讲透、讲清楚,就是好的判决书,就体现了判决书的说理性的话。那么起诉书就是要把"事"说清楚、说明白,不能语焉不详,不能一带而过,不能笼而统之,要把案件事实一五一十地说清楚。

——《检察再出发》

2023

1月7日

周六

十二月十六　壬寅年

你办的不是案子,而是别人的人生

看不明白的起诉书不是好的起诉书,有着巨大解释空间的起诉书不是好的起诉书,这就体现了起诉书的叙述性要求。

叙述性的核心就是把案件事实以及相关证据做一个全面的展现,重点不是论理,而是描写和叙述。

——《检察再出发》

2023

1月8日

周日

十二月十七　壬寅年

你办的不是案子，而是别人的人生

"事"和"理"也不是完全分开的：把"事"说清楚了，"理"自然也就明白了。因此，对于判决书来讲，对案件事实的详细描述、对证据的充分分析，也是整体说理性的一部分。

——《检察再出发》

2023

1月9日

周一

十二月十八　壬寅年

你办的不是案子,而是别人的人生

对于起诉书的篇幅来讲,应该服从叙述性的充分展开。"事"没说清楚,不能停笔,不能人为限定篇幅、压缩事实,影响叙述的充分性。

——《检察再出发》

2023

1月10日

周二

十二月十九　壬寅年

你办的不是案子,而是别人的人生

与判决书一样,起诉书不仅是一份文书,同时也体现了一系列的诉讼制度,这些制度将随着国家法治化的进程而不断发展完善。

——《检察再出发》

2023

1月11日

周三

十二月二十　壬寅年

你办的不是案子,而是别人的人生

起诉书既是指控的利器,也是辩护方的护身符。

——《检察再出发》

2023

1月12日

周四

十二月廿一　壬寅年

你办的不是案子,而是别人的人生

有时候,用一句话来概括一下疑点重重的案件,可能会容易一些,因为负罪感会小一点。

——《检察再出发》

2023

1月13日

周五

十二月廿二　壬寅年

你办的不是案子,而是别人的人生

每个人都有可能撒谎，但是把谎话说得有鼻子有眼也不是谁都能做到的，它直接挑战人类的心理底线和道德底线。

因此，起诉书注重细节，增强叙述性，就是要利用人性来防止冤假错案。

当你对那些关键的细节写不下去的时候，那一定就是有些证据还不充分，有些疑点还没有排除，至少内心还不够确信。

——《检察再出发》

2023

1月14日

周六

十二月廿三　壬寅年

你办的不是案子,而是别人的人生

起诉书是案件质量的检验阀,叙述性是防止冤假错案的人性防线。

——《检察再出发》

2023

1月15日

周日

十二月廿四　壬寅年

你办的不是案子,而是别人的人生

出庭是一门艺术,并没有一定之规,不宜机械限定。

——《检察再出发》

2023

1月16日

周一

十二月廿五　壬寅年

你办的不是案子，而是别人的人生

如果一定要拿出一套标准,那就是有没有一个时刻你能让法庭凝固,那一刻大家都知道你说出了真理,那一刻在场的人都能够真切地感受到公平正义。

——《检察再出发》

2023

1月17日

周二

十二月廿六　壬寅年

你办的不是案子,而是别人的人生

我不追求完美,我只是追求感觉的到位。

——《检察再出发》

2023

1月18日

周三

十二月廿七　壬寅年

你办的不是案子,而是别人的人生

公诉人受过法律教育,逻辑严密,非常理性。

但公诉人他首先是人,是人就要有人情味儿。

——《检察再出发》

2023

1月19日

周四

十二月廿八　壬寅年

你办的不是案子,而是别人的人生

所谓公诉人的初心，不就是人性吗？

——《检察再出发》

2023

1月20日

周五

十二月廿九　壬寅年

你办的不是案子,而是别人的人生

出庭应该更加关注实质,而不是形式。

庭出得怎么样,要看你说得在不在点上,而不是在不在面上。

——《检察再出发》

2023

1月21日

周六

十二月三十　壬寅年

你办的不是案子,而是别人的人生

是你出庭还是我出庭?
你在庭上,你做主。

——《检察再出发》

2023

1月22日

周日

正月初一　癸卯年

你办的不是案子,而是别人的人生

出庭是专业的经历,更是一种体验、一种感觉,提升的唯一途径就是亲身实践。

——《检察再出发》

2023

1月23日

周一

正月初二　癸卯年

你办的不是案子,而是别人的人生

我们办的其实不是案子,而是别人的人生,是公众的价值观,是国民对法治的期待。

——《检察再出发》

2023

1月24日

周二

正月初三　癸卯年

你办的不是案子，而是别人的人生

口语虽然不一定像书面语那么严谨，但它带有人的温度，它是一份定制的表达方式，这完全不同于批量化的书面表达方式，因此也就倍显珍贵。

——《检察再出发》

2023

1 月 25 日

周三

正月初四　癸卯年

你办的不是案子,而是别人的人生

即席表达的好处就在于你是耳目全开的，不仅传达你的尊重和自信，也在收集对方的即时反应，就像无声的弹幕。

——《检察再出发》

2023

1月26日

周四

正月初五　癸卯年

你办的不是案子，而是别人的人生

再好的制度最终还是要落实到人,检察官的道德感受力、理念智识、主观热忱和天资禀赋决定着检察工作的质量、效果和面貌。

——《检察再出发》

2023

1月27日

周五

正月初六　癸卯年

你办的不是案子，而是别人的人生

陈寅恪先生说对古人要有一份"了解之同情",检察官对当事人也要有一份"了解之同情"。

——《检察再出发》

2023

1月28日

周六

正月初七　癸卯年

你办的不是案子,而是别人的人生

除了亡者归来可以缩短时间,很多冤假错案都需要十几二十年才能纠正,这就相当于隔了一代人,这一现象就是冤假错案的"隔代纠正"现象。就相当于这一代人纠正上一代人的错误。

——《司法的长期主义》

2023

1月29日

周日

正月初八　癸卯年

你办的不是案子，而是别人的人生

以审判为中心的诉讼制度改革,伴随着其他去中心化、去行政化、去地方化的司法改革项目,除了制度之外,也是一场司法官人性的解放运动。

——《检察再出发》

2023

1月30日

周一

正月初九　癸卯年

你办的不是案子,而是别人的人生

法治是成熟的社会治理体系,是高度的社会文明形态,即使花钱也不一定买得到,当然,没有钱也不行。所以说法治是个奢侈品。

——《检察再出发》

2023

1月31日

周二

正月初十　癸卯年

你办的不是案子,而是别人的人生

案件不是流水线上下来的,而是由一位一位司法官办出来的。

2月

一	二	三	四	五	六	日
		1 十一	2 十二	3 十三	4 立春	5 元宵节
6 十六	7 十七	8 十八	9 十九	10 二十	11 廿一	12 廿二
13 廿三	14 情人节	15 廿五	16 廿六	17 廿七	18 廿八	19 雨水
20 初一	21 初二	22 初三	23 初四	24 初五	25 初六	26 初七
27 初八	28 初九					

法律支持谁、反对谁,保护谁、限制谁,要旗帜鲜明,这是法律的态度,也是法律的价值取向。

——《检察再出发》

2023

2月1日

周三

正月十一　癸卯年

你办的不是案子,而是别人的人生

法治确实来之不易,而且代价高昂,但它值得拥有。

因为它不仅是个奢侈品,也是个耐用消费品。

——《检察再出发》

2023

2月2日

周四

正月十二　癸卯年

你办的不是案子，而是别人的人生

人性是法治信号的加强器。

——《检察再出发》

2023

2月**3**日

周五

正月十三　癸卯年

你办的不是案子,而是别人的人生

司法进步需要体制内外的宽容和理解。

——《检察再出发》

2023

2月4日

周六

正月十四　癸卯年

你办的不是案子,而是别人的人生

法律监督是案件质量传递通道的"清道夫"。

——《检察再出发》

2023

2月5日

周日

正月十五　癸卯年

你办的不是案子,而是别人的人生

法律监督是检察机关的宪法性职责，它是协调侦查与审判、保护与打击、理性与感性的伟大的平衡器。

在保障案件质量传递通畅的过程中，也要保障传递信号的准确性，从而避免传递错误的司法信号。

——《检察再出发》

2023

2月6日

周一

正月十六　癸卯年

你办的不是案子，而是别人的人生

以审判为中心的诉讼制度改革是一个系统工程,需要体系化的思维。

就像城市建设既要有高楼大厦、宽阔的马路和广场,也要有地下管道一样。案件质量传递通道就像城市的地下管网,并非显见的司法政绩,却是司法长期稳定运行的命脉。

——《检察再出发》

2023

2月7日

周二

正月十七　癸卯年

你办的不是案子,而是别人的人生

经验需要时间,但是时间并不必然产生经验。

——《检察再出发》

2023

2 月 8 日

周三

正月十八　癸卯年

你办的不是案子,而是别人的人生

经验多并不等于办案多,办案多也并不等于经验多。

经验还需要去伪存真,还需要总结、提炼。

——《检察再出发》

2023

2月9日

周四

正月十九　癸卯年

你办的不是案子，而是别人的人生

庭审直播将成为常态,这意味着公诉人将长久停留在公众的视野当中,他们是最直观可见的法治传播者。

他们的一言一行、一举一动都会被公众看在眼里、记在心上,他们的表现直接决定了法治能量的正负方向。

这种海量的收视率将成为检察机关的一扇窗口,公诉人就是人格化的检察机关,他们的整体形象几乎就是检察机关的形象。

——《检察再出发》

2023

2月10日

周五

正月二十　癸卯年

你办的不是案子，而是别人的人生

获得真正权力的检察官才是检察官,决定不了案件的检察官不是检察官,只是检察员。

——《检察再出发》

2023

2月11日

周六

正月廿一　癸卯年

你办的不是案子,而是别人的人生

检察机关是重要的法治平衡器,是区隔侦查和审判的重要屏障。

——《检察再出发》

2023

2月12日

周日

正月廿二　癸卯年

你办的不是案子，而是别人的人生

检察官是庭审实质化的基础,是防止侦查中心主义挤压审判权的防火墙。

——《检察再出发》

2023

2月13日

周一

正月廿三　癸卯年

你办的不是案子,而是别人的人生

检察机关是侦查机关的紧箍咒，它能确保侦查合法，使审判标准能够向侦查前端传递，确保案件的基础质量。

——《检察再出发》

2023

2月14日

周二

正月廿四　癸卯年

你办的不是案子,而是别人的人生

法治的成本不仅在于经济,也在于时间。

——《检察再出发》

2023

2月15日

周三

正月廿五　癸卯年

你办的不是案子,而是别人的人生

司法责任制之后,并非完全无序,而是一种新的秩序;并非完全排斥管理,只是需要转变管理的模式。

——《检察再出发》

2023

2月16日

周四

正月廿六　癸卯年

你办的不是案子，而是别人的人生

包容,也是一种秩序,是一种无序的有序,这是自然的法则。

——《检察再出发》

2023

2月17日

周五

正月廿七　癸卯年

你办的不是案子,而是别人的人生

包容的无序中其实蕴含着更加自然的有序。

——《检察再出发》

2023

2月18日

周六

正月廿八　癸卯年

你办的不是案子,而是别人的人生

去行政化对管理者来说可能是一种生命中不可承受之轻。

——《检察再出发》

2023

2月19日

周日

正月廿九　癸卯年

你办的不是案子,而是别人的人生

去行政化管理只是一种更加沉静的管理模式，似润物细无声，又随风潜入夜。

实际上就是让司法规律在司法管理中发挥决定性的作用，使司法管理者成为司法规律的守夜人，让无形之手来配置司法资源。

——《检察再出发》

2023

2月20日

周一

二月初一　癸卯年

你办的不是案子，而是别人的人生

检警虽然存在监督、制约的关系,但两者不是对立的。他们同为执法者、同为大控方,有着更多共同的价值取向和法治诉求,他们的共同目标就是让正义得到伸张。

——《检察再出发》

2023

2月21日

周二

二月初二　癸卯年

你办的不是案子,而是别人的人生

只有正义的迅速降临才能建构公民的法治信仰。

——《检察再出发》

2023

2 月 22 日

周三

二月初三　癸卯年

你办的不是案子,而是别人的人生

法律体现的从来都不只是冰冷的逻辑，它体现的其实是价值观。

——《检察再出发》

2023

2月23日

周四

二月初四　癸卯年

你办的不是案子,而是别人的人生

法律的价值观不是一成不变的,它会随着社会的发展而改变。

——《检察再出发》

2023

2月24日

周五

二月初五　癸卯年

你办的不是案子,而是别人的人生

法律体现着价值观,价值观影响着司法,重大司法案例又会重树价值观。

——《检察再出发》

2023

2月25日

周六

二月初六　癸卯年

你办的不是案子,而是别人的人生

价值观其实是法律的伦理基础。法律从来不是僵死的教条,法律也不应是冰冷的技术规则和行业术语。

法律应该是人们心中的信念。

——《检察再出发》

2023

2 月 26 日

周日

二月初七　癸卯年

你办的不是案子，而是别人的人生

法律可以有深层的哲学基础,可以有严谨的逻辑规范,可以专业精深,但不应当违背常识。

这个常识就是人们心中的价值观。

——《检察再出发》

2023

2月27日

周一

二月初八　癸卯年

你办的不是案子，而是别人的人生

说到底,法律是人们行为的规范,是人的规范,而不是机器的规范,因此不能违背基本的公序良俗这个底层逻辑,否则就是法律的异化。

——《检察再出发》

2023

2月28日

周二

二月初九　癸卯年

你办的不是案子,而是别人的人生

让能听见炮火的人去指挥战斗,让直面法庭的人作出决定,我们才能对法治的胜利更有信心。

3月

一	二	三	四	五	六	日
		1 初十	2 十一	3 十二	4 十三	5 十四
6 惊蛰	7 十六	8 妇女节	9 十八	10 十九	11 二十	12 廿一
13 廿二	14 廿三	15 廿四	16 廿五	17 廿六	18 廿七	19 廿八
20 廿九	21 春分	22 初一	23 初二	24 初三	25 初四	26 初五
27 初六	28 初七	29 初八	30 初九	31 初十		

为了避免灾难的发生,我们也不应该拒绝及时的提醒和鞭策。

——《司法的长期主义》

2023

3月1日

周三

二月初十　癸卯年

你办的不是案子,而是别人的人生

不能让正义向不义低头,否则守法者将无所适从,法律将失去导向作用,甚至有可能产生反向引导,从而引向丛林法则的深渊。

——《检察再出发》

2023

3月2日

周四

二月十一　癸卯年

你办的不是案子,而是别人的人生

法律的目标是秩序,秩序因公正而持久。

——《检察再出发》

2023

3月3日

周五

二月十二　癸卯年

你办的不是案子，而是别人的人生

法律不是无所不能,法律也不可能无处不在,法律有自身的边界和局限。

——《检察再出发》

2023

3月4日

周六

二月十三　癸卯年

你办的不是案子,而是别人的人生

正义不被压制是良法的基本标准。

——《检察再出发》

2023

3月5日

周日

二月十四　癸卯年

你办的不是案子，而是别人的人生

与公众价值观的良性互动,并不完全是屈从舆论,而是法治的进化之路。

——《检察再出发》

2023

3月6日

周一

二月十五　癸卯年

你办的不是案子，而是别人的人生

法律在发展的过程中需要不断地校准,这是法治之钟不至于晚点的必然选择。

——《检察再出发》

2023

3月7日

周二

二月十六　癸卯年

你办的不是案子，而是别人的人生

法律需要不断地与公众的价值观对对表,才能保证正义不会迟到。

——《检察再出发》

2023

3月8日

周三

二月十七　癸卯年

你办的不是案子,而是别人的人生

当然,法律的参照系不是只有一个,专业的法律逻辑也不可偏废,这样法律的价值观才能保持必要的理性。

——《检察再出发》

2023

3月9日

周四

二月十八　癸卯年

你办的不是案子,而是别人的人生

法律不是抽象的教条,法律是行为的指引,而行为需要内心的确认。

——《检察再出发》

2023

3月10日

周五

二月十九　癸卯年

你办的不是案子,而是别人的人生

文明就是建立在这种抽象和想象的基础之上的。

——《检察再出发》

2023

3月11日

周六

二月二十　癸卯年

你办的不是案子,而是别人的人生

法律之治是一种稳定性,是一种社会治理的理性选择,是文明稳健成熟的体现。

——《检察再出发》

2023

3月12日

周日

二月廿一　癸卯年

你办的不是案子，而是别人的人生

"慢"是建立在"快"的基础之上的,这是法治成本的辩证法。

——《检察再出发》

2023

3月13日

周一

二月廿二　癸卯年

你办的不是案子,而是别人的人生

法治的根基正在生长,我们不能揠苗助长。

——《检察再出发》

2023

3月14日

周二

二月廿三　癸卯年

你办的不是案子,而是别人的人生

通往权利之路,要走法治化的道路。

——《检察再出发》

2023

3月15日

周三

二月廿四　癸卯年

你办的不是案子,而是别人的人生

公民个人的法治素养是国家整体法治环境的重要组成部分。

——《检察再出发》

2023

3月16日

周四

二月廿五　癸卯年

你办的不是案子,而是别人的人生

在通往权利的道路上,我们都是同路人。

——《检察再出发》

2023

3月17日

周五

二月廿六　癸卯年

你办的不是案子,而是别人的人生

在司法管理中,也有计划和市场两个手段的问题。计划就是通过人为判断进行的安排,有些决策也是有一定统计分析依据的。市场实际上就是通过竞争,让司法资源也能够得到优化配置,实现更大的司法效益。这是一种动态的秩序安排,遵循的是司法规律,也可以说是市场规律在司法领域的表现形式。

——《司法的长期主义》

2023

3月18日

周六

二月廿七　癸卯年

你办的不是案子,而是别人的人生

程序正义,而不是实体正义,才是现代刑事诉讼制度的精髓,它在宣示人的不可靠性,需要制度以及严谨的程序步骤予以实现。这就是现代法治的精神,是一种制度理性。这种理性就是推崇程序正义的价值。

——《司法的长期主义》

2023

3月19日

周日

二月廿八　癸卯年

你办的不是案子，而是别人的人生

所有的机械办案归为一条,就是对人的符号化,更进一步将自己也符号化。

——《你办的不是案子,而是别人的人生》

2023

3月20日

周一

二月廿九　癸卯年

你办的不是案子,而是别人的人生

正义是具体而微的,人性是十分复杂的。差之毫厘,谬以千里。

——《你办的不是案子,而是别人的人生》

2023

3月21日

周二

二月三十　癸卯年

你办的不是案子,而是别人的人生

我们用刑事法律的粗线条勾勒的这个世界,不经意之间就会毁掉别人的人生。因为人性和世界一样都有一个灰度,都无法简单地评判。

——《你办的不是案子,而是别人的人生》

2023

3月22日

周三

闰二月初一　癸卯年

你办的不是案子,而是别人的人生

简单地下结论，不仅是对人性没有信心和耐心，对工作也不愿意用心，更是对给他人人生可能造成的影响漫不经心的态度。

——《你办的不是案子，而是别人的人生》

2023

3月23日

周四

闰二月初二　癸卯年

你办的不是案子，而是别人的人生

我相信,只要是人,都会有尚未泯灭的人性,否则他就无法在社会上立足。我们的责任就是发掘、鼓励这些人性,劝人行善,至少坦然面对、真正忏悔也会感染其他人,安慰被害人。

——《你办的不是案子,而是别人的人生》

2023

3月24日

周五

闰二月初三　癸卯年

你办的不是案子,而是别人的人生

我们是用自己的人性点燃别人的人性。在这个意义上,我们是燃灯者。

——《你办的不是案子,而是别人的人生》

2023

3月25日

周六

闰二月初四　癸卯年

你办的不是案子,而是别人的人生

不是我们悲天悯人,只是感同身受,将心比心。

——《你办的不是案子,而是别人的人生》

2023

3月26日

周日

闰二月初五　癸卯年

你办的不是案子,而是别人的人生

我们不应戴着有色眼镜看待世界,不应以偏见看待人性,而应正视人性和世界的复杂性,还它以本来面目。

——《你办的不是案子,而是别人的人生》

2023

3月27日

周一

闰二月初六　癸卯年

你办的不是案子,而是别人的人生

我对人性有信心,自然对这个世界就有信心。

——《你办的不是案子,而是别人的人生》

2023

3月28日

周二

闰二月初七　癸卯年

你办的不是案子,而是别人的人生

对世界有信心,不是看不到社会的问题,而是用一种理性、建设性的态度来面对。不是抱怨、宣泄和推诿,而是解决问题。

——《你办的不是案子,而是别人的人生》

2023

3月29日

周三

闰二月初八　癸卯年

你办的不是案子,而是别人的人生

乐观主义不是别的，它只是给别人、也是给自己的一个机会，让这个世界变得更好的机会。

它是对自己和对他人更加积极的态度。

——《你办的不是案子，而是别人的人生》

2023

3月30日

周四

闰二月初九　癸卯年

你办的不是案子,而是别人的人生

我相信这个世界会好的,因为我对人性永远不放弃希望。

——《你办的不是案子,而是别人的人生》

2023

3月31日

周五

闰二月初十　癸卯年

你办的不是案子,而是别人的人生

我们要分清哪些是发展过程中的代价，哪些是制约发展的瓶颈。

4月

一	二	三	四	五	六	日
					1 愚人节	2 十二
3 十三	4 十四	5 清明	6 十六	7 十七	8 十八	9 十九
10 二十	11 廿一	12 廿二	13 廿三	14 廿四	15 廿五	16 廿六
17 廿七	18 廿八	19 廿九	20 谷雨	21 初二	22 初三	23 初四
24 初五	25 初六	26 初七	27 初八	28 初九	29 初十	30 十一

程序即惩罚。

——《司法的趋势》

2023

4月1日

周六

闰二月十一　癸卯年

你办的不是案子，而是别人的人生

我们拥有成为伟大司法官的抱负,那就必须带着感情去理解这个真实的世界。

只有这样,我们对它的体会才会真切、才会恰如其分、才能符合实际,也才能因此打动人心,而公平正义无非就是内心的感受。

——《你办的不是案子,而是别人的人生》

2023

4月2日

周日

闰二月十二 癸卯年

你办的不是案子,而是别人的人生

带着感情去办案,就是带着人性去实现公平正义。

——《你办的不是案子,而是别人的人生》

2023

4月3日

周一

闰二月十三　癸卯年

你办的不是案子,而是别人的人生

感情其实是一种认知世界的方式和态度，是对现实世界的真切体察，是对不完美的一种包容，是对现实生活的某种谅解，是对人性的了解和包容，是对人的社会属性的深刻洞察，是对理性人假设的某种怀疑。

——《你办的不是案子，而是别人的人生》

2023

4月4日

周二

闰二月十四　癸卯年

你办的不是案子,而是别人的人生

人无法时时把握自己的命运。

——《你办的不是案子，而是别人的人生》

2023

4月5日

周三

闰二月十五　癸卯年

你办的不是案子,而是别人的人生

为什么要不起诉?

因为刑罚的功能也有局限性,容易标签化,有时就是给人一个机会。

——《你办的不是案子,而是别人的人生》

2023

4月6日

周四

闰二月十六　癸卯年

你办的不是案子,而是别人的人生

机械理性的执法只是司法伦理的最低水准。

只有倾注情感,才能闪烁伟大的人性光辉。

——《你办的不是案子,而是别人的人生》

2023

4月7日

周五

闰二月十七　癸卯年

你办的不是案子，而是别人的人生

法律如果脱离了常识、常情、常理，也就失去了正义最重要的基础属性，那就是伦理属性。

伦理是正义的道义基础。

——《你办的不是案子，而是别人的人生》

2023

4月8日

周六

闰二月十八　癸卯年

你办的不是案子,而是别人的人生

所谓良法，必然不是反人性的。

——《你办的不是案子，而是别人的人生》

2023

4月9日

周日

闰二月十九　癸卯年

你办的不是案子,而是别人的人生

法律的理性提供了一个稳定的逻辑框架,用以指导人的预期。

——《你办的不是案子,而是别人的人生》

2023

4月10日

周一

闰二月二十　癸卯年

你办的不是案子,而是别人的人生

人性是检验法律规则合理性的动态指标。

——《你办的不是案子,而是别人的人生》

2023

4月11日

周二

闰二月廿一　癸卯年

你办的不是案子，而是别人的人生

人性就是人之为人的根本属性。

——《你办的不是案子,而是别人的人生》

2023

4月12日

周三

闰二月廿二　癸卯年

你办的不是案子,而是别人的人生

人性是人类结成社会的公约数,共同的伦理基础、是非观念,包括共同的价值观,形成了社会网络的底层逻辑,如果没有这个底层逻辑,社会将陷入战争的深渊。

——《你办的不是案子,而是别人的人生》

2023

4月13日

周四

闰二月廿三　癸卯年

你办的不是案子，而是别人的人生

理解与宽容并不是人性本身,而是对人性不完美的包容,是对同类最大限度的接纳,是对共同风险的协同机制,是对物种基因的最大保护。

——《你办的不是案子,而是别人的人生》

2023

4月14日

周五

闰二月廿四　癸卯年

你办的不是案子,而是别人的人生

不轻易抛弃一个人,不是因为一个人有用,而是因为他能给其余同伴增加安全感。

——《你办的不是案子,而是别人的人生》

2023

4月15日

周六

闰二月廿五　癸卯年

你办的不是案子,而是别人的人生

刑罚的目的在于回归，而不是简单的个体消灭或将其隔离开来，它是一种对不完美的接纳。

因为我们每个人都不完美，都可能犯错误，宽容与接纳，可以使群体得到最大限度的团结。

——《你办的不是案子，而是别人的人生》

2023

4月16日

周日

闰二月廿六　癸卯年

你办的不是案子,而是别人的人生

如果对轻微犯罪的不起诉最有利于人改过自新,那将是性价比最高的司法处理方式。

因为刑罚的负面效应之一就是通过标签化阻碍犯罪人回归,就如同为犯罪人制造了一个无形的隔离区。

——《你办的不是案子,而是别人的人生》

2023

4月17日

周一

闰二月廿七　癸卯年

你办的不是案子,而是别人的人生

给别人活路,也就是给自己活路,这是高级物种的进化法则。

——《你办的不是案子,而是别人的人生》

2023

4月18日

周二

闰二月廿八　癸卯年

你办的不是案子,而是别人的人生

我并不相信命运，但我相信存在短期之内摆脱不了的生活性安排。

——《你办的不是案子，而是别人的人生》

2023

4月19日

周三

闰二月廿九　癸卯年

你办的不是案子,而是别人的人生

为了体现部分不得已的不可罚性,法律设计了紧急避险、防卫过当、期待可能性等制度形式,但仍然无法穷尽所有的情节,因此刑法还设定了但书规定,刑事诉讼法还设计了不起诉制度。

这就为刑法的机械性留下了人性的出口。

——《你办的不是案子,而是别人的人生》

2023

4月20日

周四

三月初一　癸卯年

你办的不是案子,而是别人的人生

法律并不是一成不变的规则,它只是特定语境下的纠纷解决范式。它是一种动态的逻辑法则,是一种与时俱进的规范。

——《你办的不是案子,而是别人的人生》

2023

4月21日

周五

三月初二　癸卯年

你办的不是案子,而是别人的人生

必须结合人性进行试错检验,避免背离立法者的初衷,并与当下的社会发展水平和社会文化相契合。

——《你办的不是案子,而是别人的人生》

2023

4月22日

周六

三月初三　癸卯年

你办的不是案子,而是别人的人生

法律人的信仰就是良法和善治。

——《你办的不是案子,而是别人的人生》

2023

4月23日

周日

三月初四　癸卯年

你办的不是案子,而是别人的人生

所谓善治就是将情、理、法有机结合，以人性作为法治精神的检验阀，在严格的程序框架下追求实质正义，追求正义匹配的精准度和分寸感。

——《你办的不是案子，而是别人的人生》

2023

4月24日

周一

二月初五　癸卯年

你办的不是案子,而是别人的人生

对实质正义的追求某种时候可能会牺牲一部分的效率，但从长远看，这种到位的执法观将增加司法结果的可接受度，增强司法结果的稳定性，从而有利于树立司法权威。

——《你办的不是案子，而是别人的人生》

2023

4月25日

周二

三月初六　癸卯年

你办的不是案子，而是别人的人生

只有带着感情去办案才能让人心服口服。

——《你办的不是案子,而是别人的人生》

2023

4月26日

周三

三月初七　癸卯年

你办的不是案子，而是别人的人生

机械执法虽然表面上提高了司法效率,但由于功利主义的导向必然埋下长久的隐患,增加社会的对立面,减损公众对司法的信任度,甚至滋生报复社会的情绪,使社会治理成本大幅度增加。

——《你办的不是案子,而是别人的人生》

2023

4月27日

周四

三月初八　癸卯年

你办的不是案子,而是别人的人生

法律人的信仰,就是要有一颗永远柔软的内心。

——《你办的不是案子,而是别人的人生》

2023

4月28日

周五

三月初九　癸卯年

你办的不是案子,而是别人的人生

永远相信人性本善,永远相信人有改造好的可能,相信人总有不得已之处,愿意倾听离奇的理由。

——《你办的不是案子,而是别人的人生》

2023

4月29日

周六

三月初十　癸卯年

你办的不是案子，而是别人的人生

机械地套用法律,不仅是麻木,更重要的是不愿意走出法律思维的舒适区,是缺少开放性的体现。

——《你办的不是案子,而是别人的人生》

2023

4月30日

周日

三月十一　癸卯年

你办的不是案子,而是别人的人生

我们不能对未来无比苛责,对现实却无比迁就。

5月

一	二	三	四	五	六	日
1 劳动节	2 十三	3 十四	4 青年节	5 十六	6 立夏	7 十八
8 十九	9 二十	10 廿一	11 廿二	12 廿三	13 廿四	14 母亲节
15 廿六	16 廿七	17 廿八	18 廿九	19 初一	20 初二	21 小满
22 初四	23 初五	24 初六	25 初七	26 初八	27 初九	28 初十
29 十一	30 十二	31 十三				

不是我们丢失了情感,是我们丧失了当初追求法治理想的激情。

——《你办的不是案子,而是别人的人生》

2023

5月1日

周一

三月十二 癸卯年

你办的不是案子,而是别人的人生

带着感情去办案就是重拾这份激情,就是将人性融入对法律的理解当中,就是在包容人类的不完美,就是深入常情常理的伦理基础,就是存一份了解之同情。

——《你办的不是案子,而是别人的人生》

2023

5月2日

周二

三月十三　癸卯年

你办的不是案子,而是别人的人生

检察机关是法治的稳定器和平衡器。

——《你办的不是案子,而是别人的人生》

2023

5月3日

周三

三月十四　癸卯年

你办的不是案子,而是别人的人生

法定的权力为什么不敢行使?因为很多时候你可能并不确认那就是你的权力。

——《你办的不是案子,而是别人的人生》

2023

5月4日

周四

三月十五　癸卯年

你办的不是案子,而是别人的人生

公众要的不是大量的起诉,而是公允准确的起诉;公众要的不是四面出击,而是精准打击。

——《你办的不是案子,而是别人的人生》

2023

5月5日

周五

三月十六　癸卯年

你办的不是案子,而是别人的人生

公众希望看到的是强有力的法治思维，是当断则断、敢作敢当的检察机关，是更加清晰明确的法治航向。

——《你办的不是案子，而是别人的人生》

2023

5月6日

周六

三月十七　癸卯年

你办的不是案子,而是别人的人生

权力只有行使才是权力。

——《你办的不是案子,而是别人的人生》

2023

5月7日

周日

三月十八　癸卯年

你办的不是案子,而是别人的人生

司法的公信力不是管出来的。

——《你办的不是案子,而是别人的人生》

2023

5月8日

周一

三月十九　癸卯年

你办的不是案子,而是别人的人生

司法的公信力来自于程序公正下的司法良知。

——《你办的不是案子,而是别人的人生》

2023

5月9日

周二

三月二十　癸卯年

你办的不是案子,而是别人的人生

良知诉诸内心,表面脆弱却无比强大。

——《你办的不是案子,而是别人的人生》

2023

5月10日

周三

三月廿一　癸卯年

你办的不是案子,而是别人的人生

无数颗炽热、坦诚的法治之心可以汇成公正之河,浩浩荡荡、川流不息。

——《你办的不是案子,而是别人的人生》

2023

5月11日

周四

三月廿二　癸卯年

你办的不是案子，而是别人的人生

千百个司法官个体虽然具有主观性，对法律的理解也存在细微的差别，不尽一致。但他们又是最不容易被标准化的，是抵抗司法专制的最有力的防线。

——《你办的不是案子，而是别人的人生》

2023

5月12日

周五

三月廿三　癸卯年

你办的不是案子,而是别人的人生

司法良知的基础是职业荣誉感和尊严。

——《你办的不是案子,而是别人的人生》

2023

5月13日

周六

三月廿四　癸卯年

你办的不是案子,而是别人的人生

恣意,就是任性,就是不加约束的人性。

——《司法的趋势》

2023

5月14日

周日

三月廿五　癸卯年

你办的不是案子，而是别人的人生

司法工作归根结底是个良心活,不是流水线式的工作,也无法通过工业管理模式提高品质。

——《你办的不是案子,而是别人的人生》

2023

5月15日

周一

三月廿六　癸卯年

你办的不是案子,而是别人的人生

信任就是最好的监管,荣誉感就是最好的监督者。

——《你办的不是案子,而是别人的人生》

2023

5月16日

周二

三月廿七 癸卯年

你办的不是案子,而是别人的人生

信任是司法办案责任制的精髓所在。

——《你办的不是案子,而是别人的人生》

2023

5月17日

周三

三月廿八　癸卯年

你办的不是案子,而是别人的人生

如果无罪追责不能松绑,对无罪的恐惧就不能解除。

——《你办的不是案子,而是别人的人生》

2023

5月18日

周四

三月廿九　癸卯年

你办的不是案子,而是别人的人生

对无罪的态度不应该是恐惧,而是敬畏:敬畏的不仅是司法权威,而是法律的良知,是当事人无辜的眼神。

——《你办的不是案子,而是别人的人生》

2023

5月19日

周五

四月初一　癸卯年

你办的不是案子，而是别人的人生

需求 – 产品 – 反馈 – 优胜劣汰 – 更好的产品,是司法规律的真实链条。

——《你办的不是案子,而是别人的人生》

2023

5月20日

周六

四月初二　癸卯年

你办的不是案子,而是别人的人生

人为地代替需求、臆断需求,最终必然切断需求端和供给端的反馈链条,使司法规律失效,短期内可能掩盖一些质量问题,但最终必然丧失及时提高质量的时机,失去司法规律优胜劣汰、优化司法资源配置的功能。最终的效应就是市场整体疲软,需求端对供给端失去信心。

——《你办的不是案子,而是别人的人生》

2023

5月21日

周日

四月初三　癸卯年

你办的不是案子,而是别人的人生

司法责任制和去行政化的根本不仅在于调动司法官主体,还在于调动司法产品生产者的积极性。

同时,也要让供给端与需求端建立直接的沟通、反馈渠道,根据需求调整产品的供给,淘汰落后产能,提高产品质量,创新性地提供更加富有法治含金量的产品,实现供给和需求的动态匹配和动态调整。

——《你办的不是案子,而是别人的人生》

2023

5月22日

周一

四月初四　癸卯年

你办的不是案子，而是别人的人生

我们对无罪的恐惧切断了无罪作为法治信号的反馈功能,失去了反馈互动的机会。

——《你办的不是案子,而是别人的人生》

2023

5月23日

周二

四月初五　癸卯年

你办的不是案子，而是别人的人生

我们应该少一分恐惧、多一分敬畏,面对无罪的平常心其实就是对司法规律的信仰。

——《你办的不是案子,而是别人的人生》

2023

5月24日

周三

四月初六　癸卯年

你办的不是案子,而是别人的人生

如果你信仰法治,你会知道无罪只是法治的自然规律。

就像痛感之于人体,虽然不舒服但却是避免重大风险必不可少的信号。

——《你办的不是案子,而是别人的人生》

2023

5月25日

周四

四月初七　癸卯年

你办的不是案子,而是别人的人生

"模糊"是冤假错案的开端,而"麻木"是推手。

——《你办的不是案子,而是别人的人生》

2023

5月26日

周五

四月初八　癸卯年年

你办的不是案子,而是别人的人生

引导不仅是个案意义上的,也是类案意义上的,甚至是侦查基本方法论意义上的。

因此,审查的方法论,也必将成为侦查方法论的先导,从而使审查和侦查在方法论上形成有机的统一。

——《你办的不是案子,而是别人的人生》

2023

5月27日

周六

四月初九　癸卯年

你办的不是案子,而是别人的人生

司法观看似虚幻,但却潜移默化地影响着司法行为,日用而不自知。

对司法观的认识过程是一个从自发走向自觉,司法者不断走向成熟的过程。

——《你办的不是案子,而是别人的人生》

2023

5月28日

周日

四月初十　癸卯年

你办的不是案子，而是别人的人生

压力是最好的老师。

——《你办的不是案子,而是别人的人生》

2023

5月29日

周一

四月十一　癸卯年

你办的不是案子,而是别人的人生

压力就是撬动整个进化过程的杠杆。

——《你办的不是案子,而是别人的人生》

2023

5月30日

周二

四月十二　癸卯年

你办的不是案子,而是别人的人生

庭审的压力，当然也需要检察机关的传导，这才会使得侦查机关与检察机关同向而行，这才是检警一体化的过程，才是指控命运共同体的塑造过程。

——《你办的不是案子，而是别人的人生》

2023

5月31日

周三

四月十三　癸卯年

你办的不是案子,而是别人的人生

我们之所以有期待，是因为我们看到了一些趋势，一些预示着趋势的趋势。

6月

一	二	三	四	五	六	日
			1 儿童节	2 十五	3 十六	4 十七
5 十八	6 芒种	7 二十	8 廿一	9 廿二	10 廿三	11 廿四
12 廿五	13 廿六	14 廿七	15 廿八	16 廿九	17 三十	18 父亲节
19 初二	20 初三	21 夏至	22 端午节	23 初六	24 初七	25 初八
26 初九	27 初十	28 十一	29 十二	30 十三		

任何的迁就都不是在打击犯罪上的真正配合,而是对压力传导的阻隔,是对侦查能力提升的牵制,是对精准打击犯罪能力的削弱。在这里真正体现出:严是爱、宽是害。

——《你办的不是案子,而是别人的人生》

2023

6月1日

周四

四月十四　癸卯年

你办的不是案子，而是别人的人生

压力传导才是更加长远的配合,是负责任的合作,是对队友有一说一。

——《你办的不是案子,而是别人的人生》

2023

6月2日

周五

四月十五　癸卯年

你办的不是案子,而是别人的人生

无恒产者无恒心。无稳定的事业预期，也难以期望有稳定的职业实践。

——《你办的不是案子，而是别人的人生》

2023

6月3日

周六

四月十六　癸卯年

你办的不是案子,而是别人的人生

我们总是害怕恶,我们经常低估善意的力量。善意的力量是种子生长、滴水穿石的力量,是汇入大海的涓涓细流,是黑夜中远方微茫的一丝光。

——《你办的不是案子,而是别人的人生》

2023

6月4日

周日

四月十七　癸卯年

你办的不是案子,而是别人的人生

司法传递的绝不是一个案件的正义或者不正义,它传递的是一种价值观和行为导向,进而对社会规则和公众心理产生影响。

——《你办的不是案子,而是别人的人生》

2023

6月5日

周一

四月十八　癸卯年

你办的不是案子,而是别人的人生

认罪认罚不仅是回归的金桥，更是善意的金桥，是通过司法释放的善意，来感化和激发出犯罪人内心深处的善意。

——《你办的不是案子，而是别人的人生》

2023

6月6日

周二

四月十九　癸卯年

你办的不是案子，而是别人的人生

只有善意才能换来更大的善意。

——《你办的不是案子,而是别人的人生》

2023

6月7日

周三

四月二十　癸卯年

你办的不是案子，而是别人的人生

我始终相信人性，我认为每个人的内心都有柔软的地方。

我相信这个柔软的地方，有着更为坚强的力量，这里安放着人的基本道德秩序。

——《你办的不是案子，而是别人的人生》

2023

6月8日

周四

四月廿一　癸卯年

你办的不是案子,而是别人的人生

与法律这个显性秩序相比,人性是维系社会运转的隐性秩序,或者说底层算法。

——《你办的不是案子,而是别人的人生》

2023

6月9日

周五

四月廿二　癸卯年

你办的不是案子，而是别人的人生

算法是一串代码,是网络程序或者编程语言,但这些都是它的表象。

——《你办的不是案子,而是别人的人生》

2023

6月10日

周六

四月廿三　癸卯年

你办的不是案子,而是别人的人生

算法的实质是逻辑,以此形成人们基于使用必须遵守的规则。

——《你办的不是案子,而是别人的人生》

2023

6月11日

周日

四月廿四　癸卯年

你办的不是案子,而是别人的人生

这些规则就像法律,只是法律还需要司法机关的维护来确认边界。

——《你办的不是案子,而是别人的人生》

2023

6月12日

周一

四月廿五　癸卯年

你办的不是案子,而是别人的人生

算法就是互联网社会的法律。

——《你办的不是案子,而是别人的人生》

2023

6月13日

周二

四月廿六　癸卯年

你办的不是案子,而是别人的人生

需要更多的人类创造性劳动就是复杂性的本质。

——《你办的不是案子,而是别人的人生》

2023

6月14日

周三

四月廿七　癸卯年

你办的不是案子,而是别人的人生

真正复杂的劳动不是人多就能够解决的,它需要消耗的是一个具有创造力的人长期完整的心智。

——《你办的不是案子,而是别人的人生》

2023

6月15日

周四

四月廿八　癸卯年

你办的不是案子,而是别人的人生

好的电影,直指人心。好的规则,温柔而有力量。

——《你办的不是案子,而是别人的人生》

2023

6月16日

周五

四月廿九　癸卯年

你办的不是案子,而是别人的人生

校园的规则,对学生而言就是法律,遵守校园规则,对学生来说与司法无异。

——《你办的不是案子,而是别人的人生》

2023

6月17日

周六

四月三十　癸卯年

你办的不是案子,而是别人的人生

学校是社会的投影,学生在这里塑造价值观和世界观,他们对人生的信念来自于此,在这里的感受和创伤最终会带到社会上来。

学生不仅从老师那里感受到规则,也会从同伴身上体会到规则。没有什么潜规则、明规则,对学生而言这都是规则。

——《你办的不是案子,而是别人的人生》

2023

6月18日

周日

五月初一　癸卯年

你办的不是案子,而是别人的人生

沉默不是我们主动选择的,有时也会有被动选择。

——《你办的不是案子,而是别人的人生》

2023

6月19日

周一

五月初二　癸卯年

你办的不是案子,而是别人的人生

所谓好的法治就是给人一种好的确定性。对于好的价值有着确定性的支持和鼓励,在是非面前不存在疑惑。

——《你办的不是案子,而是别人的人生》

2023

6月20日

周二

五月初三　癸卯年

你办的不是案子,而是别人的人生

法律—文化—价值观,这一演化链条决定了今天的现实生活的真实面貌。

——《你办的不是案子,而是别人的人生》

2023

6月21日

周三

五月初四　癸卯年年

你办的不是案子,而是别人的人生

我们不是简单的基因遗传,同时也有赖于文化的传承和累积,从而在生物学意义上产生变化,并进而重塑我们的生理和心理构造。

——《你办的不是案子,而是别人的人生》

2023

6月22日

周四

五月初五　癸卯年

你办的不是案子,而是别人的人生

法治建设其实就是我们有计划地实施社会心理建构,或者说是文化建设的基础。

——《你办的不是案子,而是别人的人生》

2023

6月23日

周五

五月初六　癸卯年

你办的不是案子,而是别人的人生

法治其实就是制度性的文化结构和价值观。但我们说的法治绝不是文本意义上的，它必须深入骨髓、融入血液，才能成为文化。

——《你办的不是案子，而是别人的人生》

2023

6月24日

周六

五月初七　癸卯年

你办的不是案子,而是别人的人生

所谓法治的信仰,其实也是一种文化,是一种社会心理结构。

——《你办的不是案子,而是别人的人生》

2023

6月25日

周日

五月初八　癸卯年

你办的不是案子,而是别人的人生

通往光明之路,是用善意铺就的,更是用制度铺就的,只有通过它才能架起回归的金桥,这既是罪犯回归的金桥,也是包容、和谐的金桥。

——《你办的不是案子,而是别人的人生》

2023

6月26日

周一

五月初九　癸卯年

你办的不是案子,而是别人的人生

办案系统是司法改革的最后一公里。

——《你办的不是案子,而是别人的人生》

2023

6月27日

周二

五月初十　癸卯年

你办的不是案子,而是别人的人生

办案系统是一套活的法律,决定着案件的类型、流程、文书格式以及办案人的权限和职责,是法律和规则在实践中的具体执行方式。

因为刚性,所以强制。

——《你办的不是案子,而是别人的人生》

2023

6月28日

周三

五月十一　癸卯年

你办的不是案子,而是别人的人生

办案系统也是一套司法运行机制，所有的机构、组织、人员都是通过其权限划分、有机搭配、轮案分案产生关联和运转。虽然虚拟，但更加实际。

——《你办的不是案子，而是别人的人生》

2023

6月29日

周四

五月十二　癸卯年

你办的不是案子,而是别人的人生

只有通过信息化才能打通司法改革的最后一公里,才能使司法改革真正落地,因为它就是司法体制运行本身。

司法运行方式正在算法化,在整个世界都在算法化的过程中,这也没有什么特别。

——《你办的不是案子,而是别人的人生》

2023

6月30日

周五

五月十三　癸卯年

你办的不是案子,而是别人的人生

直击痛点,直面未来。

7月

一	二	三	四	五	六	日
					1 建党节	2 十五
3 十六	4 十七	5 十八	6 十九	7 小暑	8 廿一	9 廿二
10 廿三	11 初伏	12 廿五	13 廿六	14 廿七	15 廿八	16 廿九
17 三十	18 初一	19 初二	20 初三	21 中伏	22 初五	23 大暑
24 初七	25 初八	26 初九	27 初十	28 十一	29 十二	30 十三
31 十四						

在系统进化的同时,使用系统的办案人员也可以通过一系列激励机制实现能力的迭代进化,从而实现整个检察机关办案能力和执法公信力的不断提升。

——《你办的不是案子,而是别人的人生》

2023

7月1日

周六

五月十四　癸卯年

你办的不是案子,而是别人的人生

办案系统不仅是活的办案规则,也是一种生态,需要保有开放、包容的心态,实现从案件到人再到系统的自我进化和完善。

——《你办的不是案子,而是别人的人生》

2023

7月2日

周日

五月十五　癸卯年

你办的不是案子，而是别人的人生

智慧公诉的核心不是数据而是人。人才是互联网的第一维度。

——《你办的不是案子,而是别人的人生》

2023

7月3日

周一

五月十六　癸卯年

你办的不是案子,而是别人的人生

智慧公诉最核心的驱动力其实是人性。

——《你办的不是案子,而是别人的人生》

2023

7月4日

周二

五月十七　癸卯年

你办的不是案子,而是别人的人生

改革从来不是为了改革而改革,而是为了解决实实在在的问题。只是摆样子的改革,其生命力不会持久。

——《法治无禁区》

2023

7月5日

周三

五月十八　癸卯年

你办的不是案子，而是别人的人生

所谓真正的权威,不是体现在绝对性,而是包容性。

——《法治无禁区》

2023

7月6日

周四

五月十九　癸卯年

你办的不是案子，而是别人的人生

司法环境是经济环境的基石。

——《法治无禁区》

2023

7月7日

周五

五月二十　癸卯年

你办的不是案子,而是别人的人生

司法体现的是活的法律,是真格的。

——《法治无禁区》

2023

7月8日

周六

五月廿一　癸卯年

你办的不是案子，而是别人的人生

司法官的伟大之处就在于他有机会重塑社会环境。

——《法治无禁区》

2023

7月9日

周日

五月廿二　癸卯年

你办的不是案子，而是别人的人生

法律是最基础的社会规则,它对人的行为导向具有根本性的作用,我们一定要从完善社会治理体系的高度来理解司法工作的极端重要性。

——《法治无禁区》

2023

7月10日

周一

五月廿三　癸卯年

你办的不是案子，而是别人的人生

很多时候只有小的司法恣意累积为大的司法贪婪,直至最终被绳之以法,我们才会恍然大悟,而这时候很多问题已经变得盘根错节,难以纠正。

——《司法的趋势》

2023

7月11日

周二

五月廿四　癸卯年

你办的不是案子,而是别人的人生

司法的生命在于审慎。

——《司法的趋势》

2023

7月12日

周三

五月廿五　癸卯年

你办的不是案子，而是别人的人生

善意其实是无心插柳,所谓得道多助。

——《法治无禁区》

2023

7月13日

周四

五月廿六　癸卯年

你办的不是案子,而是别人的人生

没有人是天生的恶,或者注定的恶,他们都有走上这条不归路的具体的原因。

即使他们罪大恶极,他们对家人和朋友往往也抱有温情。

——《法治无禁区》

2023

7月14日

周五

五月廿七　癸卯年

你办的不是案子,而是别人的人生

司法当然要依法惩治犯罪，从而保护善良的公众免受不法侵害。但在惩罚恶的时候，也不是一棍子打死，不是毁灭和隔离，也应当着眼于回归，为争取罪犯早日回归创造条件。

——《法治无禁区》

2023

7月15日

周六

五月廿八　癸卯年

你办的不是案子，而是别人的人生

只要罪犯还存有一丝的善念,我们都不能放弃,都要努力予以激发。

——《法治无禁区》

2023

7月16日

周日

五月廿九　癸卯年

你办的不是案子，而是别人的人生

这一丝的善念其实就是照亮他人生前路的一盏灯火,一旦熄灭,未来将失去希望。

——《法治无禁区》

2023

7月17日

周一

五月三十　癸卯年

你办的不是案子,而是别人的人生

司法通过惩罚恶来保护善,可以保障一时的秩序;但通过激发犯罪者内心的善念来促使其由恶向善回归,才能获得长治久安,也才是治本之策。

——《法治无禁区》

2023

7月18日

周二

六月初一　癸卯年

你办的不是案子，而是别人的人生

我们根本阻止不了司法社会网络的传播,我们能够做的是尽量在这个网络传递善意,而不是恶意和冷漠。

我们深知,这个网络的外延是整个社会,它影响的是整个社会的价值观。

——《法治无禁区》

2023

7月19日

周三

六月初二　癸卯年

你办的不是案子,而是别人的人生

"务实"这两个字也应该成为确定检察官责任和定位的基本语境。

——《法治无禁区》

2023

7月20日

周四

六月初三　癸卯年

你办的不是案子，而是别人的人生

我们的司法行为可以触及灵魂,也可以挽救灵魂;可以抚慰伤痛,也可以影响别人的人生。

在这个意义上,我们需要审慎而为,如履薄冰。

——《法治无禁区》

2023

7月21日

周五

六月初四　癸卯年

你办的不是案子，而是别人的人生

司法者,必先守法。

——《法治无禁区》

2023

7月22日

周六

六月初五　癸卯年

你办的不是案子，而是别人的人生

我们不应惧怕风险的提醒,应当惧怕的是风险的累积。

——《法治无禁区》

2023

7月23日

周日

六月初六　癸卯年

你办的不是案子，而是别人的人生

法治没有禁区,认罪认罚也就没有禁区。

——《法治无禁区》

2023

7月24日

周一

六月初七　癸卯年

你办的不是案子,而是别人的人生

不起诉是一种司法善意,但只有以一种得体的方式给予那些真诚悔过之人,才会受到尊重并真正发挥作用。

否则,它可能适得其反。

——《法治无禁区》

2023

7月25日

周二

六月初八　癸卯年

你办的不是案子,而是别人的人生

认罪认罚是一种良善的司法秩序,如果欺瞒者当道,善良者也将动摇对法治的信仰,司法公信崩塌,效率和公正都会被拖累,将会堕入恶性的双输循环。

——《法治无禁区》

2023

7月26日

周三

六月初九　癸卯年

你办的不是案子，而是别人的人生

善意通过善意来交换,轻慢者被反制,阴谋算计者必受严惩,这才是良性循环。

只有讲究对法治的信任、讲究秩序,才能促成效率和公正的双赢。

——《法治无禁区》

2023

7月27日

周四

六月初十　癸卯年

你办的不是案子,而是别人的人生

维护善意的秩序需要司法者的勇气。

——《法治无禁区》

2023

7月28日

周五

六月十一　癸卯年

你办的不是案子,而是别人的人生

给人公正的信心取决于获得公正的成本。

——《法治无禁区》

2023

7月29日

周六

六月十三　癸卯年

你办的不是案子，而是别人的人生

以审判为中心应该成为无罪者的护身符,而绝不是有罪者的通行证。

——《法治无禁区》

2023

7月30日

周日

六月十三　癸卯年

你办的不是案子,而是别人的人生

认罪认罚应该成为真诚悔过者的光明之路,对于蒙混过关者,应该比骆驼过针眼还难。

——《法治无禁区》

2023

7月31日

周一

六月十四　癸卯年

你办的不是案子,而是别人的人生

志在当下,更在未来。

8月

一	二	三	四	五	六	日
	1 建军节	**2** 十六	**3** 十七	**4** 十八	**5** 十九	**6** 二十
7 廿一	**8** 立秋	**9** 廿三	**10** 末伏	**11** 廿五	**12** 廿六	**13** 廿七
14 廿八	**15** 廿九	**16** 初一	**17** 初二	**18** 初三	**19** 初四	**20** 出伏
21 初六	**22** 七夕节	**23** 处暑	**24** 初九	**25** 初十	**26** 十一	**27** 十二
28 十三	**29** 十四	**30** 十五	**31** 十六			

以审判为中心的诉讼制度改革不是让诉讼过程失去意义,而是让它们更加具有实质意义,更加不能够不审而定。

——《司法的趋势》

2023

8月1日

周二

六月十五　癸卯年

你办的不是案子,而是别人的人生

互联网看似是计算机的链接,其实是人通过计算机的链接。离开人,互联网将失去意义。

——《法治无禁区》

2023

8月2日

周三

六月十六　癸卯年

你办的不是案子,而是别人的人生

数据再庞大,如果对人没有用,也是垃圾,或者说就根本积累不起来。

——《法治无禁区》

2023

8月3日

周四

六月十七　癸卯年

你办的不是案子，而是别人的人生

系统是死的,人是活的。

——《法治无禁区》

2023

8月4日

周五

六月十八　癸卯年

你办的不是案子，而是别人的人生

人类历史的发展就是一个不断用创造性劳动替代机械性劳动并腾挪出时间的过程。

这也是任何社会、组织和个人不断成长发展的过程,实际上这就是文明发展的基本规律。

——《法治无禁区》

2023

8月5日

周六

六月十九　癸卯年

你办的不是案子,而是别人的人生

创造性劳动投入得越多,由于创造性劳动所带来的复杂性就越多,因此所应付的工作非但没有减少,反而还有可能增加。

——《法治无禁区》

2023

8月6日

周日

六月二十　癸卯年

你办的不是案子,而是别人的人生

法是社会运行的基本规则和底层逻辑。

——《司法观》

2023

8月7日

周一

六月廿一　癸卯年

你办的不是案子，而是别人的人生

每一种社会规则和文明结构都拥有不同的规则体系,从而产生法的不同面貌。

——《司法观》

2023

8月8日

周二

六月廿二　癸卯年

你办的不是案子,而是别人的人生

正义只有放在规则的框架下去追求,才有稳定性,才能避免人为的随意性,才能确保真正的公正,这也是人治与法治的根本区别。

——《司法观》

2023

8月9日

周三

六月廿三　癸卯年

你办的不是案子,而是别人的人生

法的公信力是整个社会公信力的根基。

——《司法观》

2023

8月10日

周四

六月廿四　癸卯年

你办的不是案子,而是别人的人生

法的适用,一定要不断放在制度的整体结构当中,放在社会治理体系的框架中,公众才能理解它真实而具体的含义。

因为所有的具体,都是在整体坐标系下的具体。对具体法律的理解,都要体现它在法律体系下的定位和功能。

——《司法观》

2023

8月11日

周五

六月廿五　癸卯年

你办的不是案子,而是别人的人生

司法的公信力不是一天形成的,而是一天一天不断累积起来的。相反的,破坏司法公信力的行为也不是一天发生的,而是一个一个具体的案件、事件累积的结果。

——《司法观》

2023

8月12日

周六

六月廿六　癸卯年

你办的不是案子,而是别人的人生

错案从来不是孤立地形成的，而是由一个又一个错误决定累积形成的。

为了掩盖一个错误，就需要更多的错误，以至于不可收拾，不得不再用更大的错误来掩盖，直到被彻底揭开来，或者永远也无法彻底地揭开，成为错误的迷宫。

——《司法观》

2023

8月13日

周日

六月廿七　癸卯年

你办的不是案子，而是别人的人生

司法不是百米冲刺,它是马拉松。

——《司法观》

2023

8月14日

周一

六月廿八　癸卯年

你办的不是案子,而是别人的人生

实体正义只有放在程序的框架下去追寻,才具有稳定性,才能避免人为的随意性,才能确保真正的公正。

——《司法观》

2023

8月15日

周二

六月廿九　癸卯年

你办的不是案子,而是别人的人生

只有遵守规则,人们才会信仰法治,只有通过规则的博弈才能完善法律的秩序,才能保证法治是在轨道上行驶,也只有遵循规则才能区分人治和法治。

——《司法观》

2023

8月16日

周三

七月初一　癸卯年

你办的不是案子,而是别人的人生

规则意识是法的基本精神。

——《司法观》

2023

8月17日

周四

七月初二　癸卯年

你办的不是案子，而是别人的人生

法官不得代行检察官的职权是刑事诉讼制度不可碰触的红线。

——《司法观》

2023

8月18日

周五

七月初三　癸卯年

你办的不是案子,而是别人的人生

只要违反了程序,程序的作用就失去了,人性就无法得到约束。

——《司法观》

2023

8月19日

周六

七月初四　癸卯年

你办的不是案子,而是别人的人生

不是我们不信任人,我们只是不相信不受约束的人性。

——《司法观》

2023

8月20日

周日

七月初五　癸卯年

你办的不是案子，而是别人的人生

我们在意的不是一次的结果,我们在意的是持续获得好结果的机制。

——《司法观》

2023

8月21日

周一

七月初六　癸卯年

你办的不是案子,而是别人的人生

司法的公正性不是靠人数,而是靠程序。

——《司法观》

2023

8月22日

周二

七月初八　癸卯年

你办的不是案子，而是别人的人生

法治的进一步发展将是一种进化算法。

——《司法观》

2023

8月23日

周三

七月初九　癸卯年

你办的不是案子，而是别人的人生

法治进化的自组织程度将不断提高。

——《司法观》

2023

8月24日

周四

七月初十　癸卯年

你办的不是案子，而是别人的人生

法治的发展水平仍然受制于社会整体的发展水平和公民个人的认知水平。

——《司法观》

2023

8月25日

周五

七月十一　癸卯年

你办的不是案子,而是别人的人生

格局和视野决定了我们到底能走多远,能走向何方。

——《司法观》

2023

8月26日

周六

七月十一　癸卯年

你办的不是案子,而是别人的人生

从本质上说,内设机构其实是权力的容器。

——《司法观》

2023

8月27日

周日

七月十二　癸卯年

你办的不是案子,而是别人的人生

壳的作用就是要保证这些职权相对独立的行使，壳的目的在于区分边界，或者说是保证专业化。

——《司法观》

2023

8月28日

周一

七月十三　癸卯年

你办的不是案子，而是别人的人生

能够盛放司法权的只有司法官的内心。

——《司法观》

2023

8月29日

周二

七月十四　癸卯年

你办的不是案子,而是别人的人生

创造性隐藏在人脑之中,只有通过信任、鼓励和激励才能获取。

——《司法观》

2023

8月30日

周三

七月十五　癸卯年

你办的不是案子,而是别人的人生

成长的基本法则就是:经验和能力是干出来的。

——《司法观》

2023

8月31日

周四

七月十六　癸卯年

你办的不是案子，而是别人的人生

长期主义才是性价比最高的理想主义。

9月

一	二	三	四	五	六	日
				1 十七	2 十八	3 十九
4 二十	5 廿一	6 廿二	7 廿三	8 白露	9 廿五	10 教师节
11 廿七	12 廿八	13 廿九	14 三十	15 初一	16 初二	17 初三
18 初四	19 初五	20 初六	21 初七	22 初八	23 秋分	24 初十
25 十一	26 十二	27 十三	28 十四	29 中秋节	30 十六	

你不是在给别人干活,你是在给自己干活,你是在给自己的未来干活。

——《司法观》

2023

9月1日

周五

七月十七　癸卯年

你办的不是案子，而是别人的人生

没有什么工作是白干的。

——《司法观》

2023

9月2日

周六

七月十八　癸卯年

你办的不是案子,而是别人的人生

独立判断是让每个个体都成为整体的守护者,成为这个群体的守夜人。

我们能活下来的机制没有别的,就是选择相信同伴,选择相信自己。

——《司法观》

2023

9月3日

周日

七月十九　癸卯年

你办的不是案子,而是别人的人生

当"别出头"成为了人们的默契,正义之光会暗淡下去,取而代之的是人性的无尽黑夜。

——《司法观》

2023

9月4日

周一

七月二十　癸卯年

你办的不是案子,而是别人的人生

荣誉感是驱使人追求卓越和创造力的内在动力,是责任心和使命感的源泉,也是守住底线的人格保障。

——《司法观》

2023

9月5日

周二

七月廿一　癸卯年

你办的不是案子,而是别人的人生

一个追求荣誉感的人可以形成天然的威信,而威信是领导力的社会基础,有一种天然的凝聚力。

——《司法观》

2023

9月6日

周三

七月廿二　癸卯年

你办的不是案子,而是别人的人生

荣誉感既是道德规范的内化,也是同类对自己的认可。

——《司法观》

2023

9月7日

周四

七月廿三　癸卯年

你办的不是案子,而是别人的人生

荣誉感必须建立在公平的基础之上，这也是荣誉感体系的第一定律。

——《司法观》

2023

9月8日

周五

七月廿四　癸卯年

你办的不是案子，而是别人的人生

荣誉感体系的第二定律就是人是个体。

——《司法观》

2023

9月9日

周六

七月廿五　癸卯年

你办的不是案子,而是别人的人生

荣誉一定要给到个人才有效。

——《司法观》

2023

9月10日

周日

七月廿六　癸卯年

你办的不是案子，而是别人的人生

荣誉感既是内在的感受,也是外在的评价体系。

——《司法观》

2023

9月11日

周一

七月廿七　癸卯年

你办的不是案子,而是别人的人生

在完善的法治环境和激励机制没有完全建立之前,即使付出努力也不一定能够立即得到公正的回报,可能还会有误解、委屈和挫败。

——《司法观》

2023

9月12日

周二

七月廿八　癸卯年

你办的不是案子,而是别人的人生

坚持真理之路并不平坦,但它通向光明。

——《司法观》

2023

9月13日

周三

七月廿九　癸卯年

你办的不是案子,而是别人的人生

虽然有利益激励机制,但是任何实质性的创造都难以避免地要与习惯思维、现有权威和不合理的机制环境产生矛盾。

——《司法观》

2023

9月14日

周四

七月三十　癸卯年

你办的不是案子，而是别人的人生

在不确定性下生存是每个现代人的宿命。

——《司法观》

2023

9月15日

周五

八月初一　癸卯年

你办的不是案子,而是别人的人生

这是一个混沌的世界,同时包容着无序和有序两种形式,有时候它们甚至是相互交融的。

——《司法观》

2023

9月16日

周六

八月初二　癸卯年

你办的不是案子,而是别人的人生

我们习惯于按照一种有序的方式生活，我们希望一切都可以尽在掌控。

——《司法观》

2023

9月17日

周日

八月初三　癸卯年

你办的不是案子，而是别人的人生

在动态平衡中培养对一时无序的承受力,从有序中发现无序的鉴别力,从无序中孕育出有序的创造力才是我们应对未来的挑战的真正能力。

——《司法观》

2023

9月18日

周一

八月初四　癸卯年

你办的不是案子，而是别人的人生

直面风险,能够承受暂时无序的压力,这是现代人的应有品质。

——《司法观》

2023

9月19日

周二

八月初五　癸卯年

你办的不是案子,而是别人的人生

真正的有序只是在无序之中的一种动态平衡和从容心态。

——《司法观》

2023

9月20日

周三

八月初六　癸卯年

你办的不是案子，而是别人的人生

无序并不可怕,假装风险不存在才是最可怕的。

——《司法观》

2023

9月21日

周四

八月初七　癸卯年

你办的不是案子,而是别人的人生

我们有一种报喜不报忧的习惯,其本质是我们害怕失控带来的无序感。

——《司法观》

2023

9月22日

周五

八月初八　癸卯年

你办的不是案子,而是别人的人生

改变世界的,可能就是那些暗淡而坚定的微光,和那些微小而不断累积的力量,而累积的复利效应是十分惊人的。

——《司法观》

2023

9月23日

周六

八月初九　癸卯年

你办的不是案子,而是别人的人生

书籍是克服危机的力量。

——《司法观》

2023

9月24日

周日

八月初十　癸卯年

你办的不是案子,而是别人的人生

心智不问出处。

——《司法观》

2023

9月25日

周一

八月十一　癸卯年

你办的不是案子,而是别人的人生

心智的平等,是基本的平等。

——《司法观》

2023

9月26日

周二

八月十二　癸卯年

你办的不是案子,而是别人的人生

承认生物人和人工智能在创造性和自主控制性上具有相当性,纠问谁创造了谁并没有意义。

——《司法观》

2023

9月27日

周三

八月十三　癸卯年

你办的不是案子,而是别人的人生

司法观,不是司法观念的简称,就像人生观也不是人生观念的简称一样。

它就像我们提到人生观、世界观、价值观时所浮现的场景一样,是基础性的观念,是根本的信仰,是深入我们骨髓的东西,是定义我们是谁的概念,是关于司法的根本信条。

——《司法观》

2023

9月28日

周四

八月十四　癸卯年

你办的不是案子,而是别人的人生

司法观决定了我们会成为什么样的司法者，会办出什么样的案件。

它们将决定司法的面貌，进而为社会作出示范。

——《司法观》

2023

9月29日

周五

八月十五　癸卯年

你办的不是案子,而是别人的人生

司法不仅是条文、制度,它还是通过司法者的精神塑造的信念,它们就是面子和里子的关系。

我们建构那么多制度机制之后,现在回想起来,关键时刻发挥作用的还是司法观。

法律是死的,人是活的啊。

——《司法观》

2023

9月30日

周六

八月十六　癸卯年

你办的不是案子,而是别人的人生

无过错不追责,司法官也应享有"免于恐惧"的自由。

10月

一	二	三	四	五	六	日
						1 国庆节
2 十八	3 十九	4 二十	5 廿一	6 廿二	7 廿三	8 寒露
9 廿五	10 廿六	11 廿七	12 廿八	13 廿九	14 三十	15 初一
16 初二	17 初三	18 初四	19 初五	20 初六	21 初七	22 初八
23 重阳节	24 霜降	25 十一	26 十二	27 十三	28 十四	29 十五
30 十六	31 万圣夜					

司法观不是空中楼阁，也不是虚无缥缈的东西，它与司法制度是相互塑造的关系。

只不过司法观更加潜在，更加不引人注意，却更加持久，就像伦理道德观念一样，就像人生观和价值观一样，有着一种柔韧的稳定性。

它没有制度规范的强制力，但却可以直接诉诸内心，它是司法者心中的道德律令。就像人生观一样，司法观也会影响司法者的终生。

——《司法观》

2023

10月1日

周日

八月十七　癸卯年

你办的不是案子,而是别人的人生

你选择的不是当下的职业,而是这份职业的未来。

——《法律职业的选择》

2023

10月2日

周一

八月十八　癸卯年

你办的不是案子,而是别人的人生

你选择的也不是一种职业,而是在对多种职业比较之后的最优进路,这又需要对法律职业进行通盘把握的全局视野。

——《法律职业的选择》

2023

10月3日

周二

八月十九　癸卯年

你办的不是案子，而是别人的人生

如果封闭保守,不能知人善任,人才就会流失。

不仅是个别单位的流失,甚至是整个行业的流失。

而人才的流失,又将削弱一个单位甚至一个行业的竞争力。

——《法律职业的选择》

2023

10月4日

周三

八月二十　癸卯年

你办的不是案子,而是别人的人生

法律职业的发展和兴衰是法律人自己用脚走出来的,这是法治发展的真实逻辑。

——《法律职业的选择》

2023

10月5日

周四

八月廿一　癸卯年

你办的不是案子,而是别人的人生

我关注法律职业的选择,也关注通过法律职业选择的博弈所引发的法治发展。

——《法律职业的选择》

2023

10月6日

周五

八月廿二　癸卯年

你办的不是案子,而是别人的人生

传统的价值观和保障机制从来不是护身符,没有打不破的铁饭碗,我们都要从发展变化中对自己形成更加清醒的认识。

——《法律职业的选择》

2023

10月7日

周六

八月廿三　癸卯年

你办的不是案子,而是别人的人生

在不同的司法生态中,个人会演化为不同的司法物种。所以你选择的不是职业,而是不同的进化路线。

——《法律职业的选择》

2023

10月8日

周日

八月廿四　癸卯年

你办的不是案子，而是别人的人生

离开是一种选择,选择是希望获得新的可能性。

——《法律职业的选择》

2023

10月9日

周一

八月廿五　癸卯年

你办的不是案子,而是别人的人生

虽然机关不会缺少人,却缺少真正的人才,以及人才的真正投入。

如果真的看重人才,那就必须拿出尊重人才的态度。

——《法律职业的选择》

2023

10月10日

周二

八月廿六　癸卯年

你办的不是案子,而是别人的人生

因为人总是有选择的,即使那个选择具有很大的不确定性。

但是人生不就是一种不确定性吗?选择从来没有对错,它是一种拥抱这种不确定性的态度。

——《法律职业的选择》

2023

10月11日

周三

八月廿七　癸卯年

你办的不是案子，而是别人的人生

事实上,有选择是时代的进步,而能够作出选择,拥有承受不确定性的能力是个人的进步。

在作出选择之后敢于坚持与始终保有作出选择的能力同样重要。

——《法律职业的选择》

2023

10月12日

周四

八月廿八　癸卯年

你办的不是案子,而是别人的人生

不确定性就是我们这一代人的宿命，保持危机感和忧患意识，能够在动态中把握人生，才能获得未来的进化优势。

——《法律职业的选择》

2023

10月13日

周五

八月廿九　癸卯年

你办的不是案子，而是别人的人生

永远不要指望规则是绝对公平的,因为这是不可能的。规则都是相对公平的,都有它不完善的一面。

——《法律职业的选择》

2023

10月14日

周六

八月三十　癸卯年

你办的不是案子，而是别人的人生

最佳的策略，仍然是动态地把握规则，并调整自身去适应这个变化的规则，在特定的环境中实现尽量的发展。

——《法律职业的选择》

2023

10月15日

周日

九月初一　癸卯年

你办的不是案子,而是别人的人生

当然规则里边有明有暗,我的主张还是要适应明规则,而不是玩儿潜规则,因为后者会让你付出道德和法律的代价,虽然可以实现一时的进步,但是无法为社会规则真正接受,到头来可能是得不偿失的。

——《法律职业的选择》

2023

10月16日

周一

九月初二　癸卯年

你办的不是案子,而是别人的人生

当然也不能因为有潜规则的存在,就对整个规则体系完全失望,还是要尽量从缝隙里看到光,向着有光的地方尽量地发展。因为即使你要走,也不是马上就能走成的,在现有的条件下尽快发展也是为适应新环境打基础。

——《法律职业的选择》

2023

10月17日

周二

九月初三　癸卯年

你办的不是案子,而是别人的人生

因为人生不是只有一套游戏规则、一套进化法则，不是封闭式的博弈，而是开放性的博弈，并没有特定的规则，而且你还可以在规则之间游走。

——《法律职业的选择》

2023

10月18日

周三

九月初四　癸卯年

你办的不是案子,而是别人的人生

不管你是在一个规则之下坚守,还是在多个规则之间切换,在每一个规则之下都尽自己的最大努力,知道在适当的时机切换赛道,才是最佳的生存策略。

——《法律职业的选择》

2023

10月19日

周四

九月初五　癸卯年

你办的不是案子,而是别人的人生

无论是对进化法则的适应,还是对进化法则的挑选,目的都是让我们成为更好的自己。

——《法律职业的选择》

2023

10月20日

周五

九月初六　癸卯年

你办的不是案子,而是别人的人生

我们要感谢那些压力、困难和挑战，它们既是阻碍，也是我们人生晋级的阶梯。

——《法律职业的选择》

2023

10月21日

周六

九月初七　癸卯年

你办的不是案子,而是别人的人生

我们知道,总有一些规则是我们无法跳开的,那就是我们自身真正的成长,它们只有经由汗水、苦工和咬牙坚持才能达成。

——《法律职业的选择》

2023

10月22日

周日

九月初八　癸卯年

你办的不是案子,而是别人的人生

任何职业都是一趟艰难的旅行。
不爬过山坡，是看不见风景的。

——《法律职业的选择》

2023

10月23日

周一

九月初九　癸卯年

你办的不是案子，而是别人的人生

所谓事业留人，其实是更加优化的进化法则留人，给人才最有利的发展机会才能真正留住人。

——《法律职业的选择》

2023

10月24日

周二

九月初十　癸卯年

你办的不是案子,而是别人的人生

阻遏以审判为中心的诉讼制度改革等法治进步的主要障碍，其实是司法权与司法机关内部行政权的矛盾。

这一矛盾是司法改革的主要矛盾，也是影响司法进步的真正障碍。

——《法律职业的选择》

2023

10月25日

周三

九月十一　癸卯年

你办的不是案子，而是别人的人生

司法是创造性极强的专业性工作,司法官需要的是信任、鼓励和尊重,而不是"打骂训斥"。

——《法律职业的选择》

2023

10月26日

周四

九月十二　癸卯年

你办的不是案子，而是别人的人生

司法的进步也全赖那些具有创造力的司法者的创造性劳动,让每一件案件实现公平正义绝不是一条司法流水线就能实现的,它需要司法者的全身心投入和付出,而这种全身心投入和付出是强迫不来的。

——《法律职业的选择》

2023

10月27日

周五

九月十三　癸卯年

你办的不是案子,而是别人的人生

强迫只能适得其反,反而会削弱司法官的创造性能力,妨害司法的进步,成为一种司法退步。

——《法律职业的选择》

2023

10月28日

周六

九月十四　癸卯年

你办的不是案子,而是别人的人生

人类的优势就在于想象力,不一定非要亲自摔个跟头才知道疼,看到别人摔跟头就能想象出自己可能获得的疼痛,进而提醒自己不要摔跟头,才是我们不断进化的真正本领。

——《法律职业的选择》

2023

10月29日

周日

九月十五　癸卯年

你办的不是案子,而是别人的人生

将检察官只限定为追诉立场,是对检察官职责的误读。这种单纯的追诉思想是武断的有罪推定,是霸道的线性思维,是不问青红皂白的机械执法,是冤假错案的思想源头。

——《法律职业的选择》

2023

10月30日

周一

九月十六　癸卯年

你办的不是案子,而是别人的人生

我们害怕的应该是那些不受程序约束的权力,以及包裹着公正外衣的人性偏私。

——《法律职业的选择》

2023

10月31日

周二

九月十七　癸卯年

你办的不是案子,而是别人的人生

同理心是法律人理解真实世界的能力。

11月

一	二	三	四	五	六	日
		1 万圣节	2 十九	3 二十	4 廿一	5 廿二
6 廿三	7 廿四	8 立冬	9 廿六	10 廿七	11 廿八	12 廿九
13 初一	14 初二	15 初三	16 初四	17 初五	18 初六	19 初七
20 初八	21 初九	22 小雪	23 感恩节	24 十二	25 十三	26 十四
27 十五	28 十六	29 十七	30 十八			

对办案界定的泛化,将稀释真正的司法权能,就会让人感觉有点虚,使真正的司法职能无法彰显。

——《法律职业的选择》

2023

11月1日

周三

九月十八　癸卯年

你办的不是案子,而是别人的人生

真正的司法职责是一副重担,也正是因为其沉重,才得到尊重。

——《法律职业的选择》

2023

11月2日

周四

九月十九　癸卯年

你办的不是案子,而是别人的人生

驱动司法进步的其实只是"让办案人真正负责"的朴素道理。

——《法律职业的选择》

2023

11月3日

周五

九月二十　癸卯年

你办的不是案子，而是别人的人生

所谓的公民社会的整体利益也不是虚无缥缈的，或者司法机关任意揣度编造的，而是必须以法律的要求和法治发展的方向为依归，因为这才体现了公民社会整体，也就是整体用户的利益。

——《法律职业的选择》

2023

11月4日

周六

九月廿一　癸卯年

你办的不是案子,而是别人的人生

司法工作其实也是社会经济发展的折射,每一个案件都反映了特定的社会背景,其处理都不是线性思维的公式推演。

——《法律职业的选择》

2023

11月5日

周日

九月廿二　癸卯年

你办的不是案子，而是别人的人生

在考虑司法产品品质的过程中，也要反映不断发展的法治建设水平，以审判为中心的诉讼制度改革的需要，人民群众的法治发展等诉求，以及特定案件的特定情境。

对当事人要有一份了解之同情，对案件要有一种细微和精妙的把握，不仅要运用理性，也要倾注情感。

这些感受是不可化约的，无法用语言完全表达出来，无法用审查报告全面反映，必须通过司法官的亲历性实现。

——《法律职业的选择》

2023

11月6日

周一

九月廿三　癸卯年

你办的不是案子,而是别人的人生

简单化的管理只会破坏司法官对案件处理的真实意愿表达,为了规避自己的责任而放弃对案件品质的追求,这就是管理的悲剧。

——《法律职业的选择》

2023

11月7日

周二

九月廿四　癸卯年

你办的不是案子,而是别人的人生

司法产品是一种复杂的创造活动。即使简单的机械劳动,也不能完全解决出工不出力的问题,更不要说创造性劳动的人类智慧。

——《法律职业的选择》

2023

11月8日

周三

九月廿五　癸卯年

你办的不是案子，而是别人的人生

所谓的司法规律,就是司法运行中的人性规律。背离人性的机制,不管看起来多美好,都无法发挥应有的作用。

——《法律职业的选择》

2023

11月9日

周四

九月廿六　癸卯年

你办的不是案子,而是别人的人生

求极致,一定不是极致的要求,而是激发其追求的热情,让其自觉自发地孜孜以求。

——《法律职业的选择》

2023

11月10日

周五

九月廿七　癸卯年

你办的不是案子,而是别人的人生

再强的命令,都不如利益的攸关。

——《法律职业的选择》

2023

11月11日

周六

九月廿八　癸卯年

你办的不是案子,而是别人的人生

一个不着急不在意,需要后续十倍百倍的着急和在意来弥补,这就是诉讼效率低下的根本原因。

——《法律职业的选择》

2023

11月12日

周日

九月廿九　癸卯年

你办的不是案子,而是别人的人生

我们关注正义的保质期,不仅是在意一件司法产品的及时性,也意在检验整个司法链条的良性运转。

我们在意这份迫切的感受,不仅仅是平息一时的舆情,应该着眼公众对司法产品及时性的长期需求,对治理能力的深度关切。

——《法律职业的选择》

2023

11月13日

周一

十月初一　癸卯年

你办的不是案子，而是别人的人生

所有的机械执法都会打着公共利益的旗号。

——《法律职业的选择》

2023

11月14日

周二

十月初二　癸卯年

你办的不是案子,而是别人的人生

社会发展越快,对法律变化的需求也就越大,对规则调整的承受力也就越强。

——《法律职业的选择》

2023

11月15日

周三

十月初三　癸卯年

你办的不是案子,而是别人的人生

自信不是回避风险,而是面对风险的理性态度。

——《法律职业的选择》

2023

11月16日

周四

十月初四　癸卯年

你办的不是案子,而是别人的人生

好用的，用得上的法律才是好的法律，典不典的，其实无所谓了。

——《法律职业的选择》

2023

11月17日

周五

十月初五　癸卯年

你办的不是案子，而是别人的人生

这种平庸表现为无知而又盲目的自信，不尊重科学的规律，目光短浅，缺少统筹规划，分不清轻重缓急，马虎大意，得过且过，犹犹豫豫，只唯上不唯实，工作流于表面，不扎实不严谨，等等。

这些所有的表现都因为危机而放大，因为其所处岗位的关键程度而放大。

这就是平庸之恶。

——《法律职业的选择》

2023

11月18日

周六

十月初六　癸卯年

你办的不是案子，而是别人的人生

事实上,平庸的本质是荣誉感缺失的体现,一个真正有荣誉感的人不会甘于平庸,而是会发自内心地追求卓越。

——《法律职业的选择》

2023

11月19日

周日

十月初七　癸卯年

你办的不是案子，而是别人的人生

平庸之恶的根不是埋在人性的土壤里,而是埋在制度的缝隙当中,是制度放大了人性之恶。

——《法律职业的选择》

2023

11月20日

周一

十月初八　癸卯年

你办的不是案子,而是别人的人生

制度和人一样都会进化,而且是一种协同进化。人进化到一定程度才结成社会,社会发展达到一定的稳定程度就会形成制度。

制度的进化从本质上说就是人类在整体上的进化,是人与人之间结合关系的进化,是人的进化的稳定形式。

它不同于个人进化的随机性和偶然性,它可以通过语言、文化和法律来进化,它受个体影响,最后又影响个体。相比个人的进化,制度的进化更带有根本性。

——《法律职业的选择》

2023

11月21日

周二

十月初九　癸卯年

你办的不是案子,而是别人的人生

能够说出来的东西才是你的。

——《法律职业的选择》

2023

11月22日

周三

十月初十　癸卯年

你办的不是案子,而是别人的人生

即席表达是从听的角度,对表达进行的供给侧改革,是不满足于仅仅"被听到",而是追求"听进去",对观众产生实质的影响,也就是真正产生说服力。

——《法律职业的选择》

2023

11月23日

周四

十月十一　癸卯年

你办的不是案子,而是别人的人生

庭审的实质化,就是让说服力能够发挥作用,而不是说什么也没用。

——《法律职业的选择》

2023

11月24日

周五

十月十二　癸卯年

你办的不是案子,而是别人的人生

不止于庭审，说服是所有法律人的终身职业。

即使是观念传播、知识传导，我们也希望受众能够更多地真正接受，而即席表达可以让传播更有效率。

——《法律职业的选择》

2023

11月25日

周六

十月十三　癸卯年

你办的不是案子,而是别人的人生

对一个人和对一个平台的信任规律是一样的,其中都包含了人格化的成分,我们首先要看是谁说的,就像识别商品的品牌一样。

——《法律职业的选择》

2023

11月26日

周日

十月十四　癸卯年

你办的不是案子，而是别人的人生

司法的价值在于长期性。

——《司法的长期主义》

2023

11月27日

周一

十月十五　癸卯年

你办的不是案子,而是别人的人生

任何真正的成就，一定是需要长期努力的；任何真正的能力，必须经过长期的累积才能爆发。

对此，没有捷径可走。

——《司法的长期主义》

2023

11月28日

周二

十月十六　癸卯年

你办的不是案子,而是别人的人生

长期主义是一种延迟满足,是对未来的想象力,也是对司法进步的更大期待。

——《司法的长期主义》

2023

11月29日

周三

十月十七　癸卯年

你办的不是案子,而是别人的人生

法律的节奏都是慢的。

——《司法的长期主义》

2023

11月30日

周四

十月十八　癸卯年

你办的不是案子,而是别人的人生

法律人,请收起优越感。

12月

一	二	三	四	五	六	日
				1 十九	2 二十	3 廿一
4 廿二	5 廿三	6 廿四	7 大雪	8 廿六	9 廿七	10 廿八
11 廿九	12 三十	13 初一	14 初二	15 初三	16 初四	17 初五
18 初六	19 初七	20 初八	21 初九	22 冬至	23 十一	24 平安夜
25 圣诞节	26 十四	27 十五	28 十六	29 十七	30 十八	31 十九

法律的权威也蕴含在其稳定性之中,不能朝令夕改,然后公民才可能对这些规则给予信赖和尊重。

——《司法的长期主义》

2023

12月1日

周五

十月十九　癸卯年

你办的不是案子,而是别人的人生

司法官毕竟是人,而不是机器,不可能像系统算法一样,完全理性地适用法律。

——《司法的长期主义》

2023

12月2日

周六

十月二十　癸卯年

你办的不是案子，而是别人的人生

法官在适用法律的时候一定会夹杂着个人的情绪和价值观。而由于案件的复杂性和多样性,也需要法官对不同案件作出个别化的处理,从而体现设身处地、具体而微的考量。

——《司法的长期主义》

2023

12月3日

周日

十月廿一　癸卯年

你办的不是案子,而是别人的人生

法官对案件的个别化处理实际上就构成了一种模糊化的统一适用,在标准和具体案情之间需要司法官自己来拿捏其中的分寸感。

——《司法的长期主义》

2023

12 月 4 日

周一

十月廿二　癸卯年

你办的不是案子,而是别人的人生

司法的长期性还体现在理念的方向性上。只要方向是符合司法规律的,就允许司法官有自己的考量。

司法的长期性的价值,是鼓励司法官基于法律的精神和生活的经验创造性地解决司法问题。

——《司法的长期主义》

2023

12月5日

周二

十月廿三　癸卯年

你办的不是案子,而是别人的人生

司法的长期性不仅是公信力的累积,也是司法规则的累积和司法智慧的累积。

——《司法的长期主义》

2023

12月6日

周三

十月廿四　癸卯年

你办的不是案子,而是别人的人生

司法的长期性也在于累积。

——《司法的长期主义》

2023

12 月 7 日

周四

十月廿五 癸卯年

你办的不是案子,而是别人的人生

司法行为还有一个重要的特点,那就是要经常进行价值判断,这就需要司法官拥有人性化的司法观念,能够恰当地理解常识常情常理,能够存一份了解之同情,能够从立法的精神和司法规律出发来理解和运用法律。

——《司法的长期主义》

2023

12月8日

周五

十月廿六　癸卯年

你办的不是案子,而是别人的人生

有好的司法环境才会有好的司法官，有好的司法官才会有好的司法。

——《司法的长期主义》

2023

12月9日

周六

十月廿七　癸卯年

你办的不是案子,而是别人的人生

长期性正是司法的价值。司法的目的就是维护长期稳定的良善秩序，它的价值是长期的，它形成的过程也是长期的，一旦失去了就需要更长的时间来加以弥补。

所以，我们应该充分认识到司法的长期价值，以长期主义的精神构建良好的司法环境。

——《司法的长期主义》

2023

12月10日

周日

十月廿八　癸卯年

你办的不是案子,而是别人的人生

真正的成就都是需要长期的、持续的累积的。

——《司法的长期主义》

2023

12月11日

周一

十月廿九　癸卯年

你办的不是案子，而是别人的人生

长期主义的意思不是不思进取、庸庸碌碌、得过且过、不作为，而是要以大尺度的历史的眼光来审视世界和人生，制定一个长期的战略，坚持一些不会轻易调整的目标。在落实上可以有一些技术性的调整，但是方向不要轻易动摇。

——《司法的长期主义》

2023

12月12日

周二

十月三十　癸卯年

你办的不是案子，而是别人的人生

改革的任何缝隙,漏掉的都是无数的人生。

——《司法的长期主义》

2023

12月13日

周三

十一月初一　癸卯年

你办的不是案子,而是别人的人生

这种以所谓短期的牺牲获得长期精英主义的发展思路,并不是真正的长期主义,更不要说真正的司法精英主义正在被司法行政精英主义所取代。

——《司法的长期主义》

2023

12月14日

周四

十一月初二　癸卯年

你办的不是案子,而是别人的人生

长期主义是一辆驶向远方的列车,明确而坚定,启动时很耗费能量,但是一旦启动就会拥有巨大的惯性,并且有既定的轨道,可以按时抵达远方的目的地。

——《司法的长期主义》

2023

12 月 15 日

周五

十一月初三　癸卯年

你办的不是案子，而是别人的人生

我们的司法对社会的影响更像是雨滴之于大地的作用,每一个雨滴只能浸湿极小片的土地,有些甚至没有落到地上就蒸发掉了,但是只要连续地落下来就可以浸润大地,让万物生长。

——《司法的长期主义》

2023

12月16日

周六

十一月初四　癸卯年

你办的不是案子,而是别人的人生

即使我们不能直接创造规则,至少我们可以影响人们的观念。

起初只是影响个别人的观念,以司法者为圆心,不断地通过案件的方式,影响周边人的价值观念。这些被影响的人,可以以这些案件为证明、为实例,进而影响他们周边的人。这样,这个影响就像涟漪一样扩散开去。

——《司法的长期主义》

2023

12月17日

周日

十一月初五　癸卯年

你办的不是案子，而是别人的人生

司法观念影响的绝不只是一件案件，而是一批又一批的案件。

每一件案件都牵动着局部的社会网络，这一批又一批的案件，就意味着一片又一片的社会网络，成千上万件案件，就是成千上万片社会网络，以及随之而来的涟漪作用和持续的影响。

——《司法的长期主义》

2023

12月18日

周一

十一月初六　癸卯年

你办的不是案子,而是别人的人生

只有善意才能激发善意,而恶意只能激发恶意。

——《司法的长期主义》

2023

12月19日

周二

十一月初七　癸卯年

你办的不是案子，而是别人的人生

缺少程序正义的法治是难以摆脱人的随意性和恣意性的。

——《司法的长期主义》

2023

12月20日

周三

十一月初八　癸卯年

你办的不是案子，而是别人的人生

实体的问题是弹性的,只有程序问题才是刚性的。

——《司法的长期主义》

2023

12月21日

周四

十一月初九　癸卯年

你办的不是案子,而是别人的人生

新闻是一种开放的博弈机制,司法是一种封闭的博弈机制。

——《司法的趋势》

2023

12月22日

周五

十一月初十　癸卯年

你办的不是案子,而是别人的人生

所谓司法管理中的行政杠杆,就是借以撬动某项司法工作的各种行政管理手段。杠杆的力度和韧度取决于决策者获得目标的意愿,以及推动工作的复杂性和困难程度。

——《司法的趋势》

2023

12月23日

周六

十一月十一　癸卯年

你办的不是案子,而是别人的人生

简单化的内部考核评价机制,也是一种司法懒政。不愿意考虑行为与结果联系的复杂性,结果来自于多重因素的复杂作用,不愿意劳心费神地思考辨别这里面的复杂成因,从而找出哪些是真正需要追究责任的过错,哪些是情有可原的,哪些只是诉讼中必须要承受的风险,而哪些甚至就是司法管理机制的不健全造成的。

——《司法的长期主义》

2023

12月24日

周日

十一月十二　癸卯年

你办的不是案子,而是别人的人生

内部的管理理念,塑造了你的执法理念,很多时候,是不公正的对待传导了不公正的对待。或者是内部唯结果论的氛围,让你变得明哲保身,机械执法只是一种自保的本能。

——《司法的长期主义》

2023

12月25日

周一

十一月十三　癸卯年

你办的不是案子,而是别人的人生

如果不想机械执法,那就要考虑实质问题,那就有可能超越一般的执法习惯和尺度,就会摆脱一些形式要件的束缚,在追寻实质正义的同时也必然承担一些逾越规则的风险。

——《司法的长期主义》

2023

12月26日

周二

十一月十四　癸卯年

你办的不是案子,而是别人的人生

想跳出机械执法的思维没有那么容易,不仅仅是要突破既有的思维惯性,还要承受既有思维惯性对你的猜忌和敌视。

——《司法的长期主义》

2023

12月27日

周三

十一月十五　癸卯年

你办的不是案子,而是别人的人生

只追求短期利益的人最后反而会失去长期利益。

——《司法的长期主义》

2023

12月28日

周四

十一月十六　癸卯年

你办的不是案子,而是别人的人生

人性是一种将心比心的态度,是了解之同情,是包容同类的局限性和不完美,是对复杂性的敬畏,是对真相的不懈追求,是对人的尊重。

——《司法的长期主义》

2023

12月29日

周五

十一月十七　癸卯年

你办的不是案子,而是别人的人生

那些不敢直播，尽量不直播的地区，确实可以逃避掉一些舆论的压力，这不是没有问题，只是问题不容易被看见。

这些掩盖起来的问题，并不会有好的结果，只能不断地发酵，最终酿成致命的问题：不是在偶尔少量的直播中爆发，就是通过冤假错案的方式爆发。

——《司法的长期主义》

2023

12月30日

周六

十一月十八　癸卯年

你办的不是案子,而是别人的人生

司法不可能没有问题,问题的暴露也不一定就是坏事,因为暴露—纠正—提高,本来就是司法的进化法则。中断信号反馈链条所带来的安全感只是暂时的,所聚集的风险到头来可能是让人无法承受的。

——《司法的长期主义》

2023

12月31日

周日

十一月十九　癸卯年

你办的不是案子，而是别人的人生